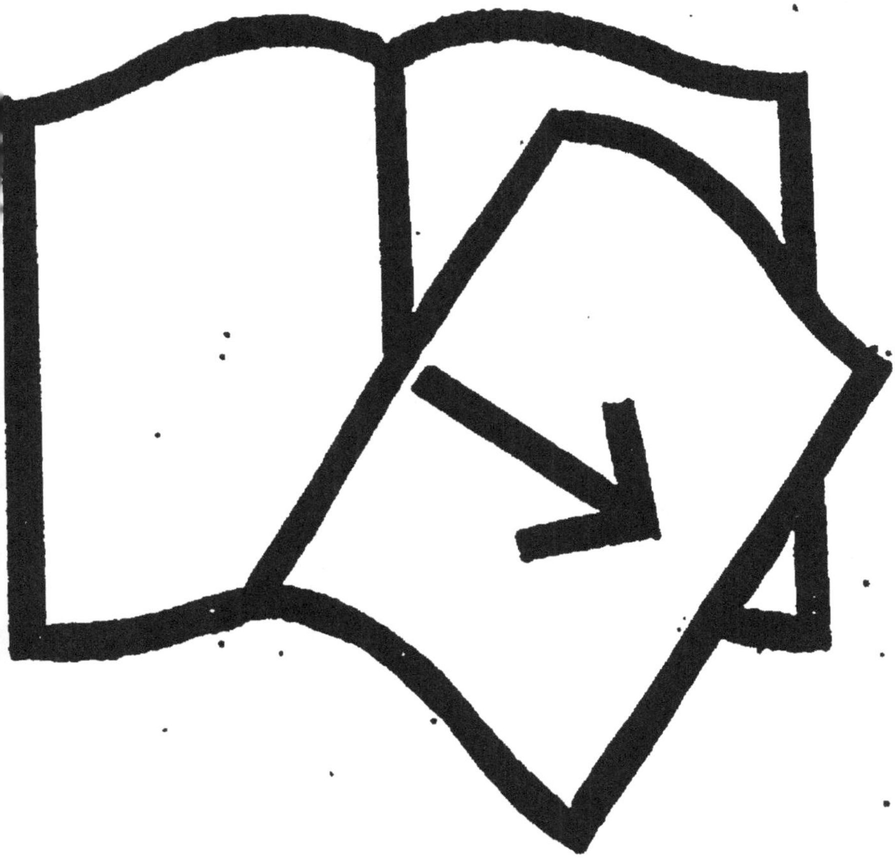

Couverture inférieure manquante

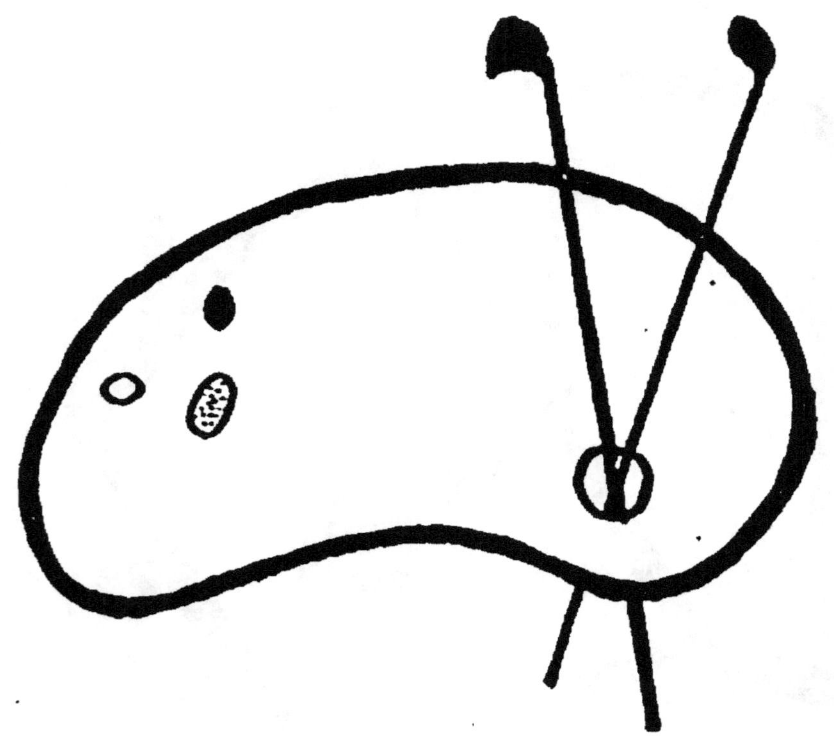

DEBUT D'UNE SERIE DE DOCUMENTS
EN COULEUR

ACADÉMIE DES SCIENCES, BELLES-LETTRES ET ARTS

DE ROUEN

CONTRIBUTION

A

L'Étude du Culte de Saturne et de Baal

SANCTUAIRE AFRICAIN DE SATURNUS SOBARENSIS

Par le Dr JUDE HUE

ROUEN

Imprimerie CAGNIARD (Léon GY, successeur)

Rue Jeanne-d'Arc, 88

—

1908

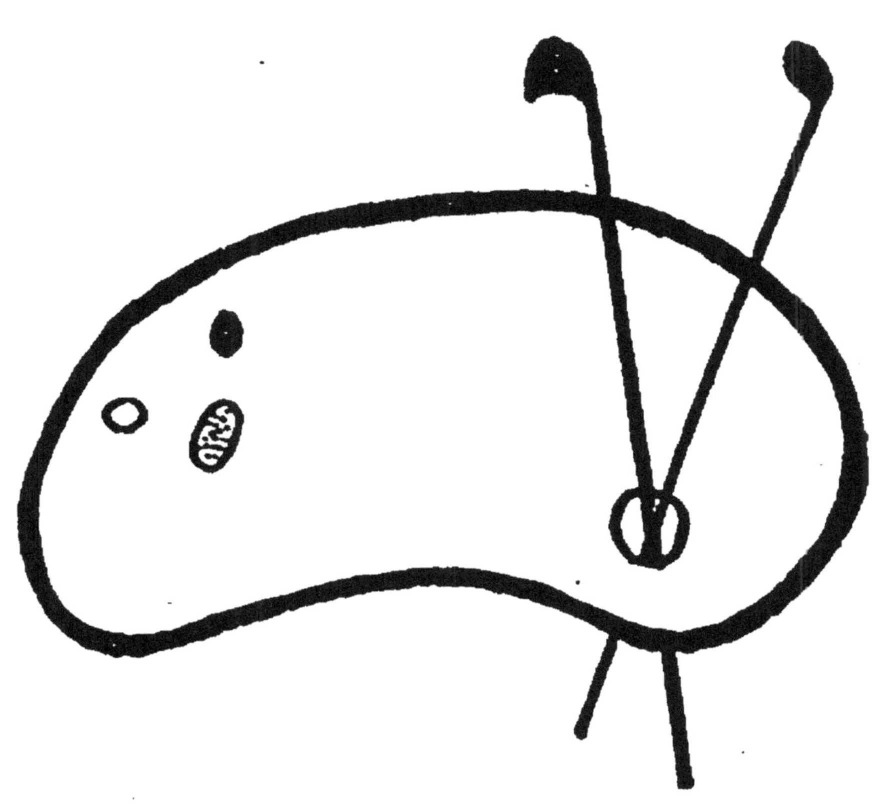

FIN D'UNE SERIE DE DOCUMENTS
EN COULEUR

ACADÉMIE DES SCIENCES, BELLES-LETTRES ET ARTS

DE ROUEN

CONTRIBUTION

A

L'Étude du Culte de Saturne et de Baal

SANCTUAIRE AFRICAIN DE SATURNUS SOBARENSIS

Par le Dr JUDE HUE

ROUEN

Imprimerie CAGNIARD (Léon GY, successeur)

Rue Jeanne-d'Arc, 88

—

1908

CONTRIBUTION A L'ÉTUDE DU CULTE DE SATURNE ET DE BAAL

SANCTUAIRE AFRICAIN DE SATURNUS SOBARENSIS

Par le D' Jude HUE

PREMIÈRE PARTIE

SATURNE ET BAAL

§ I. — Considérations générales.

Saturne est un des dieux les plus intéressants, parce qu'il est le plus ancien de la mythologie romaine, et celui qui a été le plus longtemps vénéré.

Suivant Varron, le Mont Capitolin s'appela d'abord *Mons Saturnus*, et, avant la fondation de Rome, il y avait, sur cette hauteur, un bourg qui portait le nom de *Saturnia*.

Une tradition fait de Saturne un roi des populations primitives du Latium, auxquelles il enseigna l'art de l'agriculture. La racine de son nom, *Sat*, suivant les anciens, et saint Augustin après eux, viendrait du verbe *sero* (semer), *sator* (semeur).

Son règne, l'Age d'Or, qui rappelle l'état d'innocence première du Paradis Terrestre, fut une époque, malheu-

4

reusement mythique, d'abondance, de paix et de justice parfaite. Il a été célébré par les poètes : Ovide, Tibulle, Martial, et même par Juvénal et par Sénèque.

Les attributions et le culte de Saturne, que nous retrouvons jusqu'au commencement du ve siècle de l'ère chrétienne, ont ainsi suivi, depuis les temps héroïques et pendant une longue suite de siècles, les modifications de l'état d'âme de ceux qui l'honoraient, et leur étude pourrait apporter au penseur d'originales suggestions sur l'évolution de la mentalité de ses adorateurs.

Je n'en citerai, pour exemple, que ses fêtes annuelles qui datent, dit-on, de Janus, les Saturnales, dont nous n'avons retenu que la signification licencieuse, qui renfermaient de précieuses prémices des idées de mansuétude, de liberté et d'égalité humaines.

Pendant ces fêtes, rapporte Chronosolon, prêtre de Saturne, les riches partageaient avec leurs amis moins favorisés le dixième de leurs revenus ; les propriétaires généreux faisaient don à leurs locataires des loyers qu'ils n'avaient pu payer. Les esclaves, coiffés du *pileus*, emblème de la liberté, étaient dispensés de leurs travaux, vivaient avec leurs maîtres sur le pied de l'égalité et, même, étaient servis par eux dans un banquet où les rôles se trouvaient ainsi changés. Il était sursis aux exécutions capitales ; on ne pouvait ni déclarer ni poursuivre la guerre, et, suivant une lettre de Cicéron à Atticus, elles étaient célébrées aux champs aussi bien qu'à Rome et par les armées en campagne.

Déjà en marche l'idée de la Trève de Dieu ; toute la philanthropie et les conquêtes de l'esprit moderne. Sorties des consciences, au seuil connu de notre civilisation latine, les idées qui forment encore aujourd'hui notre lointain idéal. Quelle lenteur dans l'évolution de l'âme humaine !

L'étude des transformations que subit le culte de Saturne dans l'Antiquité serait une œuvre d'une haute portée philosophique. Elle n'a été entreprise, à ma connaissance, que pour l'Afrique, où de nombreuses trouvailles archéologiques l'ont imposée. Elle forme même le sujet de la très érudite thèse latine de doctorat ès-lettres de M. J. Toutain, intitulée : *De Saturni dei in Africâ romanâ cultu* (1). Elle se poursuit sans cesse par l'exhumation des innombrables vestiges du culte de Saturne, que la terre africaine nous a conservés et nous restitue aujourd'hui.

Cette restitution du passé a été amorcée, si je puis m'exprimer ainsi, par les sagaces recherches de savants, où notre très sympathique compatriote et confrère, le R. P. Delattre, correspondant de l'Institut et de notre Compagnie, occupe incontestablement la première place. « Avec une méthode excellente, a écrit M. de Puisaye (2), avec un zèle infatigable, le patient explorateur

(1) Paris, Belin, 1894. Aussi, du même auteur : *Les Cités Romaines de Tunisie*, Paris 1896; ouvrage très judicieusement pensé que nous. avons mis souvent à contribution dans ce travail.

(2) *Étude sur les différentes publications du R. P. Delattre*, par Anselme de Puisaye. Paris, 1895.

a poursuivi ses fouilles. Il a su interroger et faire parler les ruines, et il a été le véritable ouvrier de la résurrection de l'antique cité (Carthage), rivale de Rome, et, à une certaine époque, la capitale intellectuelle de l'univers. »

Cette restitution a pu s'accomplir, grâce aussi, disons-le, à l'esprit de tolérance des Arabes, dont le zèle religieux quoique débordant et dont nous connaissons le fanatisme, n'a pas, même à l'époque conquérante, cru devoir systématiquement détruire les traces de la religion étrangère et de la civilisation des vaincus.

Aussi, l'ancienne Province Romaine d'Afrique est-elle, pour la véridique histoire, une mine inestimable de documents. On y découvre intacts de merveilleuses mosaïques, des statues, des thermes, des temples, des amphithéâtres grandioses, de somptueuses villas, des villes mêmes, tous les organes de la vie romaine qui ont disparu par toute l'Europe et que nous n'avons retrouvés intégraux que sous les laves d'Herculanum et de Pompéi.

Un mouvement iconoclaste et destructeur se dessina bien aussi en Afrique. M. Delapart a découvert, en 1879, dans la région de Tebessa, un caveau soigneusement muré, où avaient été entassés des débris de statues de divinités, de stèles votives et d'ornements de temples sur la mutilation et la dissimulation voulues desquels il ne peut exister de doute. Il s'y trouvait, en particulier, une statue de Saturne, dont l'épaule, le bras et le sein droits avaient été cassés, ainsi que les jambes (1). Une cachette analogue a été trouvée à Carthage (2). La victoire de l'Islam ne permit pas au mouvement de se continuer.

On a retrouvé, rien qu'en Tunisie et sur le rivage de la Tripolitaine, plus de cent villes romaines dont les restes attestent une prospérité inouïe et un développement artistique très raffiné. Un fait, à lui seul, peut en donner une idée : Timgad (l'ancienne *Thamugadi*), dont les vestiges grandioses nous émerveillent, avec ses thermes immenses; son théâtre, où douze mille spectateurs tenaient à l'aise; son temple de Jupiter, tout entier en marbre, qui couvrait six mille mètres carrés, soutenu par vingt-deux colonnes colossales de seize mètres de haut, est à peine mentionnée par les auteurs. De même pour El-Djem, dont l'amphithéâtre ne le cède guère en grandeur au Colysée lui-même.

Les ruines affirment que la Tunisie, à la fin du II° siècle de notre ère, n'était qu'une succession de villes et de villas, au milieu d'une vaste et fertile forêt d'oliviers, sous lesquels on pouvait la parcourir à l'ombre, du Nord au Sud et de l'Est à l'Ouest, de Carthage à Tacape (Gabès) et d'Hadrumète à Theveste. D'ailleurs, suivant les historiens arabes, quand les Byzantins furent vaincus et chassés de l'Afrique (647-697), on pouvait, de Tripoli à Tanger, cheminer à

(1) Voyez *Musée de Tebessa* in *Musées et Collections archéologiques de l'Algérie et de Tunisie* publiées sous la direction de R. de la Blanchère. Paris, 1896.

(2) Gauckler, *Comptes rendus des inscriptions*. 1899.

l'ombre, sous les oliviers, à travers une ligne ininter-
rompue de villages.

Une inscription métrique trouvée près de Tebessa et
conservée au Musée de cette ville peut donner une idée
de la beauté de la campagne. Elle peint assez bien la
première et charmeuse impression que nous firent, au
printemps de 1888, les environs de Tunis, pour que
nous ne résistions pas à en citer quelques lignes :

> INTER ODORATOS NEMORUM UBI LÆTA RECESSUS
> MATER PINGIT HUMUS ET LECTIS DŒDALA TELLUS
> FLORIBUS EXULTAT GRATISQUE ET FRONDIBUS ALMUM
> VIX PATITUR CUM SOLE DIEM..., *etc.*

Pour revenir plus particulièrement à notre sujet, des
monuments anépigraphiques ou épigraphiques, certains, en particulier des milliers de stèles votives
exhumées, depuis cinquante ans, en Algérie et en
Tunisie, ont démontré l'identité du Saturne africain,
et de Baal sémite, de Tanit et de la Juno Cœlestis néo-
punique. Ils ont démontré que dans les temples de
Saturne se célébraient, dans l'Afrique romaine, les
mêmes cérémonies que jadis dans les sanctuaires du
dieu Baal; que, sous le nom de Saturne, les Africains
n'ont pas adoré le roi légendaire de Latium qui y fit
régner l'Age d'Or, ni le farouche Chronos grec, fils
d'Uranos, qui mutile et détrône son père et dévore
ses enfants, mais Baal, le dieu suprême de la religion
phénicienne. Par Carthage, colonie de Sidon, nous ont
été révélés l'idée que les Phéniciens, adorateurs de
Baal, se faisaient de la divinité et le culte qu'ils lui rendaient.

La chose est d'autant plus intéressante que les Syriens, les Assyriens, les Chananéens, tous les peuples qui entouraient la nation juive étaient tous adorateurs de Baal et n'ont laissé que très peu de vestiges de leur religion.

Les Hébreux eux-mêmes s'adonnèrent, à différentes reprises, au culte de Baal d'une façon dangereuse, sans doute, pour leur nationalité, comme l'établissent de nombreux textes bibliques : « Ils suivirent des dieux étrangers, dit le Livre des Juges, les dieux des peuples qui habitaient autour d'eux et ils excitèrent la colère de Dieu, le délaissant et servant Baal et Astarté » (Tanit). « Alors les enfants d'Israël servirent Baal » (1). « Enlevez du milieu de vous, dit Samuel, les dieux étrangers. Baal et Astarté » (2). Le nombre des villes (3) et des habitants (4) du royaume d'Israël nommés pour Baal prouvent qu'ils en furent pénétrés (5).

On peut dire que le baalisme fut le milieu où se développa la religion juive.

(1) *Les Juges*, chapitre II, verset XI.

(2) *Livre des Rois*.

(3) Les villes de Baalath, tribu de Dan ; Baalath-Beer, tribu de Siméon ; Baal-Azor, tribu de Benjamin ; Baal-Thamar, tribu de Benjamin ; Baal-Maon, tribu de Ruben ; Baal-Pharasim, tribu de Juda ; Baal-Gad dans le Liban ; Baal-Hermon au pied de l'Hermon. *Voir* Jean Reynaud, *Études religieuses et philosophiques*. Paris, Furne, 1851.

(4) Baal, fils de Joël ; Baal, fils d'Abigabaon ; Esbaal, fils de Saül, etc. Jézabel, femme d'Achab, roi d'Israël, était phénicienne, et raviva dans ce royaume le culte de Baal. *Voir* Jean Reynaud, *loc. cit.*

(5) Le mot phénicien *Rab* par lequel on désignait à Carthage les prêtres et les prêtresses semble bien le même que le mot hébreu *Rabb* (maître, docteur) d'où, sans doute, est venu Rabbin,

10

Or, il n'en est pas du baalisme comme des autres religions anciennes de l'Orient, le polythéisme symbolique égyptien, le brahmanisme, le judaïsme qui subsistent encore ou présentent à l'histoire d'anciennes écritures. Le baalisme, malgré son étendue d'autrefois, du Golfe Persique à la Méditerranée, sa diffusion par les colonies phéniciennes, est absolument éteint.

Ces découvertes ont établi que Baal, Bel, Belus, Baal-Samon, Baal-Hammon ou Haman, était, comme Osiris pour les Egyptiens, le principe mâle et fécondateur, la puissance génératrice mâle de l'univers ; une divinité impersonnelle, suprême, dont l'essence paraît avoir compris toute chose ; que Tanit ou Astarté, sa divine épouse « *rerum natura parens, elementorum omnium domina, seculorum progenies initialis, regina manium, deorum dearumque facies uniformis* » suivant les expressions de l'Africain Apulée (1), était, comme Isis, la puissance génératrice femelle et formait, avec Baal, une seule et suprême divinité. Ils formaient les deux faces d'un être unique et tout puissant, maître des cieux (2) et de la terre, père de toute vie. La divinité, conçue sous ses deux formes masculine et féminine, dont la nature entière et son incessante fécondité n'était que l'émanation.

Les Africains ont adoré un dieu unique, tout puissant, et le caractère monothéiste de leurs croyances fut bien reconnu par les chrétiens. Témoin ces paroles de Saturninus au septième Concile de Carthage: « *Gentiles*

(1) *Metamorphoseon*, XI.
(2) Baal signifie dieu et Samen cieux.

quamvis idola colant, tamen summum deum patrem creatorem cognoscunt et confitentur. »

A une époque de la longue et douloureuse évolution humaine, la force brutale régnait seule chez les anciens peuples de l'Orient, comme on les appelle. La guerre, sauvage et sans merci, était la lutte pour la vie, non seulement entre des armées, mais entre des peuples. Le massacre du vaincu avait pour but l'extermination et s'étendait aux femmes, aux enfants, aux animaux eux-mêmes, « à tout ce qui respire », suivant la terrifiante prescription mosaïque pour les occupants de la Terre Promise. Le nombre et, partant, la natalité, étaient la condition de l'existence des nations et des individus. Aussi on comprend que l'attribut principal de l'Être suprême fût la fécondité, que l'enfantement et son foyer, la famille, fussent sacrés. On comprend que le dieu protecteur, parce que fécondateur, eût pour emblèmes les mâles les plus vigoureux, le taureau (1) et le bélier cornus, et, par extension, les cornes elles-mêmes (2).

Le Dieu d'Abraham lui promet, pour prix de sa fidélité, de multiplier sa race comme les incomptables poussières de la terre et les innombrables étoiles du ciel. C'est le dieu des armées : *Deus Sabaoth.*

(1) C'est avec l'hiéroglyphe du taureau que s'écrit dans l'écriture monumentale des Égyptiens le mot fécondateur.

(2) Tortis Cornibus Ammon...

. . . .

Cor	nigeri que Jovis monitu nova fata petebant.
                              Lucain, *Phar.*, IX.

12

Et, dans notre temps aux rapides transformations
sociales, que les forces intellectuelles semblent diriger,
l'importance de la fécondité est loin d'avoir disparu.
Depuis la conquête anglaise, les Canadiens français et
catholiques n'ont pas cessé de lutter de fécondité avec
les Canadiens anglais et protestants. C'est à qui aura
le plus d'enfants pour avoir le pins de « voteurs »,
comme ils disent : la majorité dans les élections.
Et, le plus grand des périls qui, dans l'avenir, mena-
cent notre société occidentale et notre race elle-même,
pourrait bien être la prolificité incomparable des autres
races et, en particulier, de la race jaune. Le nombre
engendre la force, mesure du droit, suivant la forte
expression de Lucain (1). Puissent nos descendants ne
pas nous reprocher notre imprévoyance ; ne pas consi-
dérer les luttes séculaires de l'Europe comme intes-
tines et fratricides, aussi insignifiantes dans leurs
causes que dans leurs objets !

L'unité, l'égalité de Baal et de Tanit, expliquent que
Carthage et Cirta aient pu se mettre sous le patronage
particulier de Tanit et, dans leur culte et leurs symboles, donner à Tanit la première place qui, partout
ailleurs, appartient à Baal.

De l'union de Baal et de Tanit était né un fils, Eschmoun, dont le temple couronnait Byrsa. A eux trois,
ils formaient la triade phénicienne analogue à la trinité

(1) Mensuraque Juris
Vis erat.
Lucain, *Phar*,

égyptienne — Osiris, Isis et Horus — le père, la mère et le fils, dieu unique et triple, image peut-être de l'idéale unité de la famille antique.

On a cru voir une image de la trinité punique dans une idole à trois têtes trouvée en Sardaigne et conservée au Musée de Cagliari. Cette représentation anthropomorphique serait exceptionnelle. Les Phéniciens, comme la plupart des peuples de la Syrie et de la Palestine, n'avaient pas eu l'idée, présomptueuse autant que naïve, que la divinité leur ressemblât. Aussi, contrairement aux Grecs et aux Romains, ils ne l'avaient, par respect peut-être, entourée d'aucun mythe, d'aucune légende ; ils ne la représentaient que par des symboles et jamais sous des traits humains. Au pied du Liban, Baal était adoré sous la forme d'une colonne et d'une pierre noire. Sur les *ex-voto* puniques découverts à Carthage, dédiés à Tanit et à Baal, et conservés en si grand nombre au Musée de Saint-Louis, il n'est gravé aucune image humaine, mais des signes :

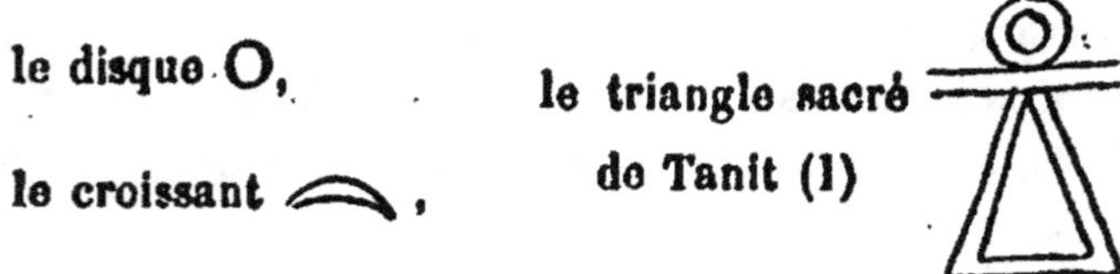

le disque O,

le croissant ,

le triangle sacré de Tanit (1)

(1) Cette figure prise sur un anneau sigillaire de Rab (*La Nécropole des Rabs, prêtres et prêtresses de Carthage*, par le P. Delattre, p. 13, fig. 20) représente, sans doute, le véritable signe de Tanit mieux que le triangle plus allongé, aux lignes grêles, muni sous le disque de longs bras coudés que l'on trouve vulgairement sur les stèles,

14

De même pour les cérémonies du culte et du sacrifice qui y sont figurées par des symboles : la main levée, le caducée, les palmes. De même pour l'offrande qui y est représentée par des vases précieux, des fruits, des gâteaux à deux cornes, des cierges, très rarement par des êtres vivants.

Ce qui précède peut donner l'idée de la simplicité et de l'innocence du culte baalique et éloigne grandement de celle de l'horrible sacrifice humain dont il n'a jamais été révélé de traces sur les milliers de sacrifices dont les monuments commémoratifs ont été exhumés. Nulle trace non plus des danses que les prêtres de Baal auraient exécutées autour de l'autel et au cours desquelles ils se seraient mutilés avec des couteaux. Pourtant, il serait vraisemblable d'en voir la continuation dans les pratiques des Aïssaouas, dont les sectes sont, encore aujourd'hui, si répandues et si actives dans l'ancien empire de Carthage et en particulier dans la région de Kairouan. Partout, sur les monuments archéologiques, la dignité des attitudes et la sérénité des expressions hiératiques sont remarquables.

Le culte de Baal était très populaire à Carthage, comme le prouve, en particulier, la composition d'un grand nombre de noms propres carthaginois : Hannibal, grâce de Baal ; Maherbal, empressé pour Baal ; Asdrubal, aide de Baal, etc.

Suivant la coutume orientale d'adorer la divinité sur les sommets et sur les acropoles, les cimes des montagnes étaient consacrées à Baal et le furent ensuite à Saturne. Le sanctuaire établi au sommet du Dj Bou-

Kournein qui domine le golfe de Carthage et est visible de tous les points de la capitale africaine, sous le vocable ethnique de *Balcaranensis* — Baal cornu, suivant le P. Delattre ; le temple de Saturne qui dominait la ville de Thugga ; celui de *Saturnus Sobarensis* qui fait l'objet principal de ma communication, étaient de véritables hauts lieux analogues à ceux de Baal-Hermon, de Baal-Liban, de Baal-Carmel de Syrie et de Palestine.

Le culte s'exerçait en plein air, sur des autels que n'abritait aucun toit et d'où la fumée des sacrifices montait directement vers le ciel, comme chez les Hébreux, qui n'eurent pas de temple avant celui de Salomon. Quelquefois le culte s'exerçait au milieu d'enclos sacrés ou *temenos*, qu'entourait un simple mur, comme au sommet du Bou-Kournein, à Aïn-Tounga et dans un grand nombre d'autres sanctuaires à Baal.

Après la conquête romaine, l'image de la divinité devint progressivement anthropomorphique, de symbolique qu'elle était, ou même les deux à la fois. Ce fut toujours sous la forme du disque (Baal) et du croissant (Tanit) que la divinité fut représentée ; mais, dans l'intérieur du disque apparut la tête de Saturne, sous le croissant, celle de Dea Cœlestis ou de Diane, etc. Les symboles furent remplacés par des êtres. Aux disques, aux croissants de lune, aux palmes, aux caducées, aux feuilles de lotus, aux mains ouvertes, au triangle sacré, se substituèrent, peu à peu, les types divers du polythéisme grec et romain. On y sculpta, en bas-relief, l'animal sacrifié, taureau ou bélier, parfois l'acte du sacrifice.

Cette transition s'opéra lentement, librement, comme les stèles commémoratives nous l'attestent et où les deux rites puniques et romains sont mélangés. Chacun fut libre de rendre à la divinité le culte que lui avait rendu les ancêtres ou d'adopter les formes nouvelles. Rome qui, chez elle, élevait des autels aux dieux des peuples qu'elle avait vaincus, ne pouvait les renverser dans leur patrie d'origine. L'idée des luttes religieuses et des persécutions était encore inconnue.

Un certain nombre de sanctuaires de Baal conservèrent même leur dénomination primitive, tels que : Bacax, Malagbel, Baliddir (Baal-Addir), qu'une inscription trouvée à Sigus et conservée au musée de Constantine invoque sous le nom de *Baliddir Augustus Sanctus Patrius*. Sauf ces rares Baalim, le culte de Baal se perpétua dans toute l'Afrique romaine, sous le vocable de Saturne, auquel on ajouta le nom d'Auguste et une épithète ethnique : *Saturnus Augustus Balcaranensis, Saturnus Augustus Sobarensis*, etc.

Les manifestations du culte de Baal et du Saturne africain consistaient, comme nous l'avons indiqué, en sacrifices d'animaux, béliers principalement à Carthage, taureaux, agneaux, colombes, suivant les fortunes ; en offrandes de fruits, pommes de pin, grenades, grappes de raisin, pavots aux mille graines ; offrandes de gâteaux en forme de croissant aux pointes entrecroisées, de vases, d'encens, de cierges, de prières.

Mais, les deux actes les plus solennels de dévotion paraissent avoir été la pose d'une *stèle* commémorative et la pose d'un *vestigium* ou empreinte de pieds.

Ces deux manifestations de la piété des fidèles sont caractéristiques du culte punique de Baal et de Tanit et de celui de Saturne, sous le vocable duquel il s'exerça plus tard. Elles méritent à ce titre une mention spéciale.

§ II. — Les stèles.

J'ai l'honneur de vous en présenter un spécimen (fig. 9). Elles ont presque toujours la même forme. Ce sont des pierres plates en grès ou en calcaire dur, le plus souvent communes, rarement en marbre, de cinquante centimètres à un mètre de haut, sur trente à quarante centimètres de large, de quatre à sept centimètres d'épaisseur ; généralement, sauf à Carthage, grossièrement façonnées. Elles peuvent se décomposer en trois parties :

La partie inférieure ou base, destinée à être tout simplement fichée en terre est à peine dégrossie.

La partie supérieure, pointue, arrondie avec ou sans acrotères, ou carrée, forme fronton. Elle porte les symboles divins puniques : le croissant, le disque, les étoiles, ou bien leur expression romaine : Saturne accompagné ou non des divinités complémentaires.

La partie médiane ou corps est, le plus souvent, disposée en cartouche, quelquefois ornée, de chaque côté, de colonnes réunies pas une architrave, ce qui donne au

monument l'aspect d'un petit édicule. Dans les stèles épigraphiques, elle porte l'inscription votive. Souvent, au-dessous de l'inscription, des bas-reliefs représentent le dédicant, l'autel, la victime, l'offrande et même la cérémonie. On y a relevé les trois grandes catégories d'offrandes que reconnaît la loi juive : les victimes de gros et de menu bétail ; les fruits ou prémices sacrés ; les gâteaux.

Sur une stèle anépigraphique de la collection du commandant Marchand, est représenté un autel avec une saillie qui rappelle la corne de l'autel des Hébreux. Sur l'autel est une tête de bœuf. Devant l'autel est un prêtre vêtu d'une longue robe, la main droite levée demi-ouverte, dans la position de la prière ; la main gauche tient une cassolette ou un gâteau.

Quelques-unes de ces inscription votives témoignent d'un sentiment religieux profond. Telles sont les trois suivantes gravées sur des stèles provenant : la première de Carthage et conservée au musée de Saint-Louis ; les deux autres de Cirta et conservées au musée de Constantine :

A LA GRANDE TANIT, FACE DE BAAL, ET AU SEIGNEUR BAAL HAMMON CE QU'A VOUÉ BARIC, FILS D'AMILCAR.

AU SEIGNEUR BAAL HAMMAN DOBERAT A PROMIS CECI, CAR IL A ENTENDU SA VOIX.

AU SEIGNEUR BAAL-HAMMAN VŒU QUE LUI A VOUÉ LE FILS DE SAFET, CAR IL L'A BÉNI.

D'ailleurs des textes épigraphiques ont établi la

croyance des Phéniciens à la présence réelle de la divinité dans certains sanctuaires.

Ces stèles ne sont pas les offrandes du culte ordinaire ; ce sont des monuments commémoratifs ; le souvenir durable, éternel, pensaient-ils (1), d'un sacrifice spécial pour l'accomplissement d'un vœu ; pour remercier la divinité d'une faveur spéciale, souvent de l'honneur du sacerdoce, *ob sacerdotium*, qui est mentionné trois fois sur les stèles trouvées à Tignica (2). La fonction de prêtre de Saturne paraît avoir été annuelle en Afrique (3). C'est ce qui explique que sur les quatre-cent-vingt-six stèles exhumées en 1888, à Ain-Tounga, on en a trouvé cent cinqnante-deux élevées par des prêtres ; et que, sur les vingt-deux inscriptions votives qui ont été trouvées à Sadi-Salem, on y relève douze fois le nom de prêtres. (N°s 1, 3, 8, 9, 10, 13, 15, 16, 17, 19, 20, 23.)

De plus, à Ain-Tounga, on en trouva un grand nombre en place, dressées en longues files, les unes à côté des autres, en plein air, sans trace de temple aux environs ; tout au plus un mur circonscrivant l'enclos consacré ou *temenos*. Il est évident que pour contenir

(1) « *Titulos æternos* », lit-on dans l'inscription que je vous présente aujourd'hui sous le n° V.

(2) *Le Sanctuaire de Saturne à Ain-Tounga (Tignica)*, par MM. Th. Berger et R. Cagnat, in *Bulletin archéologique du Comité des travaux historiques et scientifiques*, an. 1889.

(3) Le document le plus probant à ce sujet est une stèle de Diana, inscrite dans le *C. I. L.*, t. VIII, n° 4580, où on lit : *Ob honorem sacerdotii sui statuam, sibi anno expleto, posuit.*

20

ce véritable champ d'*ex-voto*, un temple eût été insuffisant.

Ces stèles portent des documents épigraphiques et figurés d'une inestimable valeur pour l'histoire du Baalisme et de ses transformations polythéistes sous les influences égyptienne, grecque et surtout romaine.

Je vous citerai, comme exemple, les trois inscriptions suivantes, qui sont particulièrement instructives à ce point de vue. Elles établissent l'influence de l'Egypte dont elles invoquent la grande divinité Sérapis, que l'on peut comparer à Tanit; l'influence de la Grèce, dans la langue de laquelle deux sont écrites; les tendances, tantôt monothéistes, dans la première et la deuxième, tantôt polythéistes, dans la troisième, des dédicants, car, avant la conquête romaine, Carthage avait traversé une période égyptienne et une période grecque; enfin, le bon accueil fait, à Carthage, aux divinités étrangères.

ΔΙΙ ΗΛΙΩ ΜΕΓΑΛΩ
ΠΑΝΘΕΩ ΣΑΡΑΠΙΔΙ

SARAPIDI
DEO · MAXIMO
TI · CL · SARAPIACVS
SACERDOS · CVM · SV
IS . DONVM DEDIT.
D. D. (1)

(1) *C. I. L.*, t. VIII, nº 1001.

ΔΙΙ ΗΛΙΩΙ ΜΕΓΑΛΩΙ
CAΡΑΠΙΔΙ · ΚΑΙ ΤΟΙC
CΥΝΝΑΟΙC · ΘΕΟΙC
etc. (1).

Des stèles ont été exhumées en nombre presque incalculable et de toutes parts en Afrique : de Carthage à Arzew et du Nord au Sud, jusqu'à la région des Chotts. C'est par milliers que des stèles votives à Tanit, à Baal Hammon et à Saturne ont été trouvées enfouies dans le sol de Carthage. Le musée Saint Louis, en 1889, en contenait plus de dix-neuf cents, et on n'a pas cessé d'en découvrir depuis. Dans la dernière séance du mois de mai dernier, de l'Académie des Inscriptions et Belles-Lettres, M. Héron de Villefosse, présentait encore l'estampage de cinq stèles en l'honneur de Tanit, découvertes récemment à Carthage, dans la propriété de M. Bessis. Et ainsi de toutes parts. Les musées de Philippeville, de Lambesse, de Tebessa, d'Alger, de Constantine, d'Oran, le musée Alaoui, la collection Farges en ont recueilli des quantités. La dévotion à Baal-Saturne, était en Afrique quelque chose d'extraordinaire et d'inouï, aussi bien dans les campagnes que dans les villes, c'était la caractéristique du pays, au point que l'érection de stèles votives paraît le fait principal de la civilisation carthaginoise, et nous pouvons aujourd'hui mieux comprendre les paroles de Tertullien aux Africains : *Ante Saturnum deus penes vos nemo est* (2).

(1) *C. I. L.*, t. VIII, n° 1003.
(2) *Apologet.*, § 10.

§ III. — Le Vestigium.

Vestigium, dans ce cas, doit signifier la trace, l'empreinte laissée sur le sol, par la puissance de la prière, des pieds d'un fidèle fervent ; la place d'où les vœux d'un pieux adorateur avaient été exaucés et qui était ainsi désignée aux impétrants comme un endroit privilégié d'où la prière avait une efficacité particulière.

Aussi la pose d'un vestigium était-elle un acte religieux tout à fait exceptionnel et rare, et dont on connaît un si petit nombre d'exemples, qu'on peut les citer tous :

Un conservé au Musée de Philippeville et portant l'inscription :

BELLONÆ AUGUSTÆ SACRUM
PUBLIUS A. FÉLIX VOTUM
SOLVIT LIBENS ANIMO.

Quelques-uns trouvés dans l'amphithéâtre de Carthage, taillés dans des dalles de pierre ou de marbre, quelquefois recouverts de bronze et avec des inscriptions votives.

Un trouvé à Maktar, dans un petit temple, consistant en deux semelles de plomb de 0^{m}21 de long, encastrées dans le dallage sur lequel étaient posées ces inscriptions votives :

BONE DEAE   M. M. ET
AVGVST. SACR.   I. P. AVG. (1).
IVLIA CASTA FE
LICITAS. VOTVM
SOLVIT. L. A. (2).

Un à Dougga dans le sanctuaire de Baal-Saturne.

Un autre trouvé au Djebel-Oust, sur une plaque de marbre de 36 × 26, et portant l'inscription :

SACRATI FECERUN
T. D. S. (3).

Enfin, celui que j'ai moi-même découvert à Sadi-Salem, sur l'emplacement du sanctuaire de Saturnus Sobarensis, dont il me reste à vous entretenir.

DEUXIÈME PARTIE

SANCTUAIRE DE SATURNUS SOBARENSIS
DÉCOUVERT DANS L'HENCHIR SADI SALEM (TUNISIE)

§ I. — Topographie. — Historique.

A vingt-trois kilomètres au Sud de Tunis et de l'antique Carthage, au moins à vol d'oiseau, la plaine

(1) *C. I. L.*, loc. c., n° 11795.

(2) Id est : *Matri magna et Jano patri? C. I. L.*, loc. c., n° 11797.

(3) D. S. se traduisent par *de suo* (de leurs deniers). Si ces lettres avaient signifié *Deo Saturno* elles auraient, suivant l'usage, été placées en tête de la phrase.

24

du Mornag est barrée par des contreforts mamelonnés qui réunissent le Dj. Ressas la (Montagne de Plomb) au Bou-Kourneïn, la Montagne d'Argent, comme l'appelle Flaubert dans *Salammbô*.

A égale distance environ de ces deux montagnes, le voyageur découvre, en approchant, une passe qui, par une gorge sinueuse, sauvage, coupée de ravins, franchit le massif montagneux. C'est peut-être le fameux défilé de la Hache ou de la Scie où périrent, bloqués par l'armée d'Amilcar, les Mercenaires au nombre de plus de 40,000. Il y serpente aujourd'hui la belle route de Tunis à Grombalia. Le point culminant de la montée est le col de Sadi-Salem qui donne accès sur un beau plateau elliptique très pittoresque, entouré lui-même de collines, dont la partie ouverte regarde sur la vaste plaine de Grombalia et de Soliman, et appelé Khanguet el Hadjaj.

Khanguet el Hadjaj, signifie en Arabe « défilé des pèlerins », peut-être parce qu'il était, avant l'établissement du chemin de fer, le passage obligé des pèlerins qui se rendaient du Nord de la Tunisie à Kairouan, la ville sainte, et même à la Mecque.

Ce plateau du Khanguet, qui commande les plaines d'alentour et celle de Carthage en particulier, est un point stratégique de premier ordre et fut le théâtre des dernières luttes de Carthage et de Rome. C'est là, à cinq kilomètres au Sud du col de Sadi-Salem, que s'élevait, adossée aux collines, Neferis — *Civitas Neferitana* — retrouvée par le P. Delattre. C'est sous les murs de Neferis que, pendant la troisième guerre punique, les Romains, aidés des Numides et conduits par Scipion, taillèrent en pièces l'armée carthaginoise, ce qui leur permit d'entreprendre en sécurité le siège de Carthage. Suivant Appien, 70,000 hommes perdirent la vie lors de la prise de Neferis par Scipion.

Le col de Sadi-Salem est dominé par une hauteur sur les flancs de laquelle s'étendait autrefois le sanctuaire de *Saturnus Sobarensis*.

Ce lieu, aujourd'hui planté de vignes, fait partie de l'Henchir Sadi-Salem que nous achetâmes au printemps de l'année 1888. L'été suivant, les défricheurs mirent au jour des pierres écrites qui furent transportées chez M. Lançon, chargé du défrichement, et c'est là que le P. Delattre les reconnut bientôt pour des *ex-voto* à Saturne. Leurs inscriptions furent publiées, non sans quelques erreurs topographiques et autres, dans le *Cosmos* par le P. Delattre, dans le *Bulletin Archéologique* par M. de la Blanchère, et ont été reproduites dans le *Corpus Inscriptionum Latinarum*.

Au cours des travaux de culture, car aucune fouille méthodique n'a encore été entreprise, il en a été exhumé depuis un certain nombre d'autres et aussi un curieux *Vestigium* mentionné dans deux inscriptions, et que nous avons eu la bonne fortune de découvrir nous-mêmes et à temps pour le sauver d'une destruction certaine.

Nous avons cru qu'il y avait intérêt et avantage à réunir tous les documents qu'on possède actuellement sur le sanctuaire de *Saturnus Sobarensis*.

Il y a bien longtemps que nous désirions le faire,

d'autant plus que le sanctuaire de *Saturnus Balcara-nensis*, tout proche voisin, découvert trois ans après, en juin 1891, par M. J. Toutain avait, plus heureux, trouvé du même coup son historien et, dès l'année suivante, avait été l'objet d'un savant mémoire (1)

§ II. — Ex-Voto.

Les *ex-voto* découverts à Sadi-Salem se présentent tous, moins le *vestigium*, sous la forme de stèles en pierre commune qui devaient être fichées en terre.

Il ne se trouve, sur aucune de ces stèles, de représentation shématique de la divinité carthaginoise sous la forme d'un triangle surmonté d'un disque et de bras. Elles ne portent non plus aucune représentation figurée, telles que tête de Saturne, dédicant, autel, animaux et cérémonies du sacrifice. En revanche elles portent presque toutes des symboles divins, le croissant, signe de Tanit, la grande divinité carthaginoise, les pointes dirigées en haut, et ayant de chaque côté une étoile : Baal et Eschmoun.

Le texte des *ex-voto* est rédigé en latin, toujours de la même façon : en tête le nom de la divinité au datif, puis viennent les noms du dédicant, puis la formule consacrée : *Votum solvit libens animo*, attestant le caractère de l'acte et qu'il a eu lieu pour l'accomplissement d'un vœu.

(1) *Sanctuaire de Saturnus Balcaranensis au Djebel Bou-Kour-nein (Tunisie)*, in *Mélanges d'archéologie et d'histoire*, 12e année, 1892.

Comme il n'y a pas un seul des dédicants qui porte un nom indigène nous pouvons en inférer que les stèles découvertes jusqu'ici ne sont pas antérieures au Ier siècle.

L'impression qui s'en dégage est bien celle du culte de Baal, continué, moins le vocable, pendant l'époque romaine ou néo-punique.

1

DOMINO SO
BARE"SI EV
IVIVS REP
OSTVS SA
CERDOS

Stèle : Hauteur...... 0^m51
Largeur...... 0^m31
Epaisseur..... 0^m06
Hauteur des lettres... 0^m024

Stèle à sommet triangulaire avec une cassure à gauche.

Corps avec encadrement en relief. Evidement intérieur où sont gravées les lettres.

Base longue et carrée destinée a être enfoncée dans le sol.

Cette stèle, inédite, qui est, probablement, une stèle mortuaire quoiqu'elle ne porte pas D. M, est remarquable par la dédicace DOMINO SOBARESI. Le nom de Saturne n'y est pas mentionné, c'est au dieu de Sobar qu'elle est dédiée; dieu qui pendant des siècles s'était appelé Baal. Elle indique la transition de Baal à Saturne.

On avait déjà trouvé sur un certain nombre de

stèles « DEUS SANCTUS ÆTERNUS (1) » « ÆTER-
NVM NVMEN (2)». Ces expressions rendent beaucoup
mieux l'idée des Africains sur la divinité que le mot
Saturnus qui n'exprime qu'une portion de la suprême
divinité punique.

2

Q.HE RENNIVS FELIX
VOTVM SOLVIT DO
MINO SOBARENSI

Stèle : Hauteur.... 0m66
Largeur.... 0m31
Epaisseur .. 0m07
Hauteur des lettres. 0m023

O

Stèle grossière en pierre grise, commune. Lettres au
trait ainsi que les emblèmes.

Partie supérieure carrée sur laquelle se trouvent :
au milieu le croissant de Tanit, les pointes en haut
comme partout en Afrique, sauf à Carthage et à Cirta
où il a les pointes en bas. De chaque côté est une étoile
à six branches représentant Baal et Eschmoun et com-
plétant la triade carthaginoise.

La partie médiane qui porte l'inscription est entière-
ment fruste. Comme dans l'*ex-voto* précédent, le dieu
suprême n'a pas encore pris le nom de Saturne et est
désigné seulement sous le vocable de dieu de Sobar.
Cette inscription a été insérée dans *le Cosmos* du mois

(1) *C. I. L.* VIII. *Sup.* 14551.
(2) *Ibid.*

de septembre 1889, sous le n° 12, et dans le *C. I. L.*, vol. VIII. *Suppl. Pars I*, sous le n° 12302.

La base est très allongée. Un trou creusé dans le tiers supérieur droit pourrait faire supposer qu'elle était couchée et qu'une porte tournait sur elle.

3

SAT SOB SA
P. PETRONIVS
SACERDOS

Stèle : Hauteur.... 0m29
     Largeur.... 0m29
     Epaisseur.. 0m04
Hauteur des lettres. 0m04

Sommet triangulaire où sont gravés les signes de la triade carthaginoise, le croissant et les deux étoiles où Tanit tient, naturellement, la première place.

Le corps porte l'inscription votive à *Saturnus Sobarensis. Le Cosmos* (loc. cit., n° 4), et après lui le *C. I. L.* (loc. cit., n° 12390), ont mis un C à la fin de la première ligne que nous n'avons pas retrouvé sur la stèle originale.

La base manque et a été cassée.

4

SATVRNO AVG
SOBARESI C B
AESIVS BVRC
S VOTVM SO

Inscription rapportée dans *le Cosmos* (loc. cit., sous le n° 11), et dans le *C. I. L.* (loc. cit., sous le n° 12300). Hauteur des lettres 0"032. Nous n'avons pas retrouvé cette stèle.

Le croissant placé entre deux étoiles forme la triade punique. Au-dessus du croissant est un signe ressemblant à un 1, muni d'un petit disque à sa partie inférieure, qui est peut-être le cône sacré de Tanit. En effet, au Musée Lavigerie, à Saint-Louis de Carthage, se trouve un sceau en or, provenant de la Nécropole de Bordj-Djedid et qui présente le triangle de Tanit avec un disque en dessous ♉. Mais le nom d'Auguste apparaît, l'influence romaine s'accentue, le dedicant s'inscrit même avec les *tria nomina* du citoyen romain.

5

P· PETRONIVS PROCVLINVS· ET PAPIRIA NVP
TIALICA PARENTES PETRONI ZOSIMI ET
PETRONI BVCCVLI QVI VESTIGIVM ET BIR
BECEM·FECERVNT ET TITVLOS ÆTER
NOS PER FILIOS HABERE. DESIDERA
VERVNT. DE COL· VTHINENSI.

Inscription gravée sur une tablette en marbre blanc, haute de 0"36 et large de 0"29; hauteur des lettres 0"02. Parue d'abord dans *le Cosmos*, septembre 1889, où elle y occupe le n° 1; puis reproduite dans le *C. I. L.* (loc. cit., sous le n° 12400).

Document très remarquable à cause de l'expression

VESTIGIVM ET BIRBECEM FECERVNT : « Posèrent un *Vestigium* et firent le sacrifice d'un bélier. »

Les mots DE COL VTHINENSI indiquent que ceux qui ont fait placer l'*ex-voto* étaient de la ville d'Uthina, aujourd'hui Oudna, dont les ruines très importantes s'étendent à quinze kilomètres de Tunis, à gauche de la route de Tunis à Zaghouan. Ceci fait penser que le sanctuaire de Sobar était très vénéré.

Les mots TITULOS ÆTERNOS, au pluriel, avaient fait supposer qu'il y avait peut-être une inscription connexe. Nous avons été assez heureux pour la retrouver. C'est la suivante :

6

SATVRNO AVG
VOLTIA NVPTIA LICA
ET PETRONIVS BVCCV
LVS FILIVS ET COIVX PERO
NI PROCVLINI ////// VES
TIGIVM ET VOT SOLVERVNT

Inscription gravée sur un cube de pierre très dure de 49 × 39 × 31. La hauteur des lettres varie, suivant les lignes, de 0ᵐ03 à 0ᵐ04. La face qui porte l'inscription est ornée, en haut et en bas, d'une moulure, et la première ligne de l'inscription est placée sur la moulure supérieure. Les quelques lettres qui n'ont pu être déchiffrées n'ôtent aucune importance au document. Ce sont bien les deux mêmes noms, *Petronius Bucculus* et ceux de son père *Petronius Proculinus*, que ceux dé l'inscription précédente. Ces deux *ex-voto*, n°ˢ 5 et 6, se complètent l'un l'autre.

Dans le voisinage du lieu où ils ont été trouvés nous avons découvert une mosaïque dans laquelle figure justement un *vestigium* dont j'ai l'honneur de vous présenter un authentique fac-similé.

7

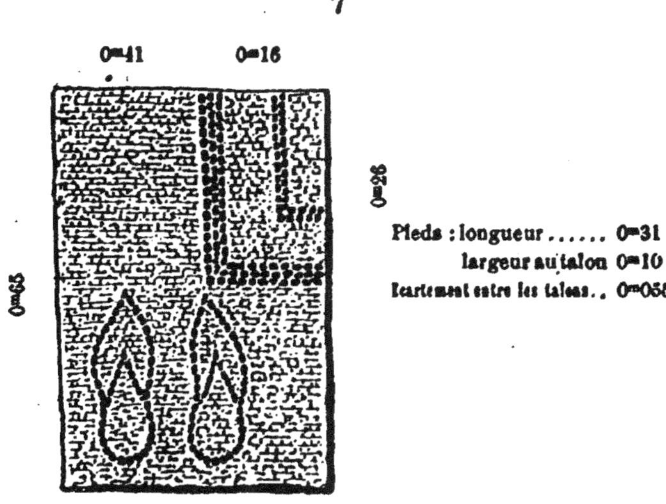

Pieds : longueur 0ᵐ31
largeur au talon 0ᵐ10
Écartement entre les talons .. 0ᵐ055

Au coin à droite et en haut est, en cubes de pierre bleu foncé, un dessin quadrangulaire encadrant peut-être un motif central. L'original est au Musée Alaoui auquel nous l'avons offert. La pièce que vous avez sous les yeux est un moulage confectionné au Musée même par les soins de M. Merlin, l'érudit directeur des antiquités de la Régence.

Les dimensions de la pièce elle-même n'ont aucune importance puisque cette pièce n'est qu'un fragment d'une mosaïque qui n'est pas déblayée et dont on aperçoit la coupe sur le côté d'un chemin creusé dans le sol pour l'accès de la ferme.

Ce *vestigium* en mosaïque donnerait à lui seul la preuve que le sanctuaire de Sobar ne consistait pas seulement en un enclos sacré, mais qu'il y existait un temple.

8

Hauteur...........	0ᵐ35
Largeur...........	0ᵐ32
Epaisseur..........	0ᵐ08

Stèle inédite.

Pierre assez fine, très usée sur les bords.

Le sommet est arrondi. Dans le tympan évidé est le signe de Tanit.

Le milieu est occupé par une espèce d'édicule formé par deux colonnes gravées à la pointe comme l'inscription qu'elles entourent.

La partie inférieure manque.

9

(1)

Hauteur...........	0^m55
Largeur...........	0^m25
Epaisseur'........	0^m05
Hauteur des lettres.	0^m032

Inscription reproduite dans *le Cosmos* (loc. cit., n° 10), et dans le *C. I. L.* (loc. cit., n° 12391). Elle se lit ainsi : *Saturno Augusto Sacrum G. Besius Victor Sacerdos Libens Animo fecit.*

Cette stèle originale que j'ai l'honneur de vous présenter a figuré en 1900 à l'Exposition universelle de Paris, où elle était le seul spécimen du culte de *Saturnus Sobarensis*. C'est un très bon type de toutes celles qui ont été trouvées à Sadi-Salem. Elle est formée d'une pierre commune, très compacte, plate, quadrangulaire, à peine dégrossie, d'un travail primitif qui ne rappelle en rien l'art romain et ne peut être que l'œuvre d'un inhabile ouvrier indigène.

(1) Cette figure, dessinée sur la stèle originale, est, ainsi que les deux précédentes, n°s 7 et 8, due à la gracieuseté de M. Georges de Beaurepaire.

Sur la face est gravé au trait le frontispice d'un temple, avec son tympan, son architrave et ses colonnes.

Le tympan est occupé par le croissant de Tanit, accompagné de ses deux étoiles, symbole de la Trinité punique.

Sur l'architrave est la dédicace au dieu *Saturnus Augustus*.

Entre les colonnes est le nom du dédicant avec les *tria nomina* romains, le prénom, le gentilice et le surnom. Chez les Romains, c'est le prénom qui distinguait l'individu de tous les autres membres de la famille, aussi était-il écrit en toutes lettres : *Publius Cornelius Scipio; Lucius Cornelius Scipio*. Sur cet *ex-voto*, comme sur tous ceux trouvés jusqu'ici à Sadi-Salem, le prénom est indiqué seulement par une lettre. C'est probablement l'effet de la persistance d'un usage local auquel se conformaient même les citoyens romains.

Sur cet *ex-voto* comme sur tous ceux découverts à Sadi-Salem, comme sur tous les *ex-voto* puniques, aucune image humaine, aucune représentation anthropomorphique. C'est toujours à la divinité de Tanit et de Baal que, sous le nom de Saturne, s'adressent les hommages.

La partie inférieure de la stèle, très allongée et absolument fruste, indique qu'elle est destinée à être enfoncée dans le sol.

10

SATVRNO
AVG· SACR
C· PETRONIVS
BASSVS· SACER

Hauteur.....	0ᵐ32
Largeur.....	0ᵐ36
Epaisseur...	0ᵐ07
Hauteur des lettres.	0ᵐ028

Inscription insérée dans *le Cosmos* (loc. cit., n° 8), et dans le *C. I. L.* (loc. cit., n° 12396).

Pierre très blanche et fine. Caractères soignés.

Sur la face est la représentation en relief du frontispice d'un temple.

Dans le fronton, à sommet triangulaire dont la pointe est brisée, est le croissant de Tanit en relief.

Entre les colonnes est la dédicace à Saturne-Auguste, avec le nom du dédicant *C. Petronius Bassus.* Ce nom de famille *Petronius* se retrouve ou est soupçonné onze fois, nᵒˢ 3, 5, 6, 8, 10, 11, 12, 13, 14, 15, 23, sur les vingt-deux inscriptions exhumées à Sadi-Salem.

11

SATVRNO
SAC
P. PETRONI
VS· PROCV
LVS· L·A·V.

Hauteur.....	0ᵐ35
Largeur.....	0ᵐ28
Epaisseur...	0ᵐ015

Inédite.

Stèle carrée en pierre grise très commune, brisée en bas et sur le côté droit.

12

SAT. AVG
SAC
L. PETRONI
VS PROCV
LVS. L·A·V.

Hauteur des lettres. 0ᵐ03!

Insérée dans *le Cosmos* (loc. cit., n° 7), et dans le
C. I. L. (loc. cit., n° 12398).

Stèle rectangulaire, dit le P. Delattre, mais dont je
n'ai pas trouvé l'original.

13

SATVRNO
AVG. SACR
C. PETRONIVS. FELIX
SACERDOS
L· *a. f.*

Hauteur des lettres. 0ᵐ02

Insérée dans *le Cosmos* (loc. cit., n° 9), et dans le
C. I. L. (loc. cit., n° 12397), n'a pas été retrouvée à
Sadi-Salem.

Sur la face est la représentation au trait du frontispice d'un temple; dans le tympan est un croissant de
lune, signe de Tanit. Entre les colonnes l'invocation et
le nom du dédicant. Le lapicide peu habile a mal
mesuré la place, il a dû, pour graver le *Cognomen
Felix*, empiéter sur la colonne droite dont la dernière
lettre X dépasse même celle-ci en dehors.

14

O AVG
NIVS BA

Fragment de 0ᵐ22 de haut sur 0ᵐ26 de large et 0ᵐ035 d'épaisseur. Hauteur des lettres 0ᵐ02. Lettres presque effacées. Inscription reproduite dans *le Cosmos* (loc. cit., n° 14), et dans le *C. I. L.* (loc. cit., n° 12395).

Dans le tympan est le symbole de la triade punique : Tanit, au milieu de deux rosaces ou étoiles.

15

VRNO
SACR. M
NIVS BAS
SACERDO

Fragment inédit de 0ᵐ20 de largeur sur 0ᵐ20 de haut, de 0ᵐ045 d'épaisseur, d'une stèle très soignée et de pierre fine. Encadrement en relief avec bordure de perles. Lettres très bien conservées, aux arêtes vives.

16

S. A. S.
L APRONIVS
MARTIALIS
SACERDOS
VOTVM·S

Hauteur.....	0ᵐ52
Largeur.....	0ᵐ26
Epaisseur...	0ᵐ45
Hauteur des lettres.	0ᵐ03

Stèle carrée, très simple, sans aucun encadrement.
Symbole et lettres gravées au trait. Inscription repro-
duite dans *le Cosmos* (loc. cit., n° 2), et dans le
Corpus I. L. (loc. cit., n° 12388).

17

VRNO. AVG
SACR
OCTAVIVS . IANNA
RIVS. SACERDOS
L. A. F.

Hauteur des lettres. 0ᵐ22

Inscription reproduite dans *le Cosmos* (loc. cit.,
n° 3), dans le *C. I. L.* (loc. cit., n° 12393), et dont
l'original n'a pas été retrouvé dans ma collection.

18

SATVR"O
AVG.
Q.AQVI
FELICIO
V·L·A·S·

Hauteur..... 0ᵐ15
Largeur..... 0ᵐ25
Epaisseur... 0ᵐ06
Hauteur des lettres. 0ᵐ028

Stèle carrée presque intacte, de pierre grise commune. Lettres très usées dont quelques-unes ont même
disparu. Inscription insérée dans *le Cosmos* (loc. cit.,
n° 6), et dans le *C. I. L.* (loc. cit., n° 12389).

19

```
S· A· S.
L· LVCIVS SPE
RSEIVS SACER
DOS        VM
       λ
       λ
```

Hauteur.....　0ᵐ60
Largeur.....　0ᵐ36
Epaisseur...　0ᵐ06
Hauteur des lettres.　0ᵐ26

Stèle intacte quant à la pierre, qui est un calcaire commun gris et très dur. Sommet triangulaire sur lequel on ne relève aucun signe et qui a disparu probablement par l'usure. L'inscription a été lue par moi un peu différemment que par le P. Delattre (*Cosmos*, loc. cit., n° 13), ce qui s'explique par l'usure des lettres simplement gravées au trait. Au-dessous de l'inscription sont deux caractères ressemblant à deux lambdas et peuvent signifier *Libens Animo*, l'A prenant souvent la forme d'un λ dans les inscriptions.

20

```
A- S:
BE... R.. V
ESIVIVS
SACERDOS
V.S.λ.λ.
```

Hauteur ....　0ᵐ34
Largeur.....　0ᵐ20
Epaisseur...　0ᵐ06

Inédite.

Pierre très usée dont le sommet et le coin gauche sont cassés.

En haut le signe de Tanit avec une étoile à droite. Deux lignes tracées au trait et entre lesquelles se trouvent des hachures séparent les symboles religieux de l'inscription. Celle-ci, presque illisible, porte également ment deux λ qui signifient évidemment *Libens Animo*. Sur la gauche de la stèle est gravée une colonne. Sur le côté droit est une entaille carrée indiquant probablement qu'elle était encastrée dans un autre monument.

21

SATVRNO A
P. R//VM
// // // //

Inédite.

Fragment de stèle très fruste, de 20 ✕ 36 de surface environ sur 0^m05 d'épaisseur, et que je ne reproduis, ainsi que les deux suivants, que parce qu'ils portent l'invocation à Saturne

22

O AVGV
S. VOM

Inédite.

Fragment de 30 ✕ 37 de surface sur 0^m06 d'épaisseur. Lettres au trait, usées, disparues par l'effrittement de la pierre, d'ailleurs très commune.

```
///////NIVS /////
///VS FILIVS. V///
DOM. SATVRNI. SIC///
VCHMARISQ. MANEO
SACERDOS PRIMIV////
```

Haut. des lettres. 0ᵐ012

Inscription très usée et peu déchiffrable, recueillie par le P. Delattre sur une stèle incomplète et que je n'ai pas retrouvée à Sadi-Salem. Insérée dans *le Cosmos* (loc. cit., n° 15).

§ III. — Trouvailles diverses.

Au voisinage de ces *ex-voto* et se rapportant plus ou moins au sanctuaire de Sobar sont de nombreuses traces d'importantes constructions; des quantités de briques ou de tuiles creuses pour emmagasiner l'air et mettre à l'abri de la chaleur. J'y ai trouvé une terre cuite représentant un personnage, malheureusement sans tête, vêtu de la toge et assis dans un fauteuil ; des fragments de statues en beau marbre, en particulier un torse d'homme d'un modèle remarquable, une main de femme de grandeur plus que naturelle, fermée sur une hampe, et qui pourrait bien être un morceau d'une Juno Cœlestis.

§ IV. — Conclusions.

Ces documents corroborent et suffiraient à établir, l'opinion bien assise d'ailleurs aujourd'hui, que sous le nom de Saturne les Africains continuèrent, après la conquête romaine, à adorer leur ancienne divinité en trois personnes et, suivant les mêmes rites, adressèrent à Saturne les prières qu'ils adressaient auparavant à Tanit, à Baal et à Eschmoun. Le Saturne africain qui a couvert le Nord de l'Afrique de ses sanctuaires en plein air de ses *temenos* et de ses *ex-voto* vénéré par tous et surtout par les humbles n'a, pour ainsi dire, rien de commun avec le père de Jupiter qui, dans toute l'Italie, n'eut guère d'autre temple que le grandiose édifice qui s'élevait sur le Forum, où était déposé le Trésor public et dont les hautes et superbes colonnes attestent encore aujourd'hui la magnificence.

10

9 782012 881204